AF338384

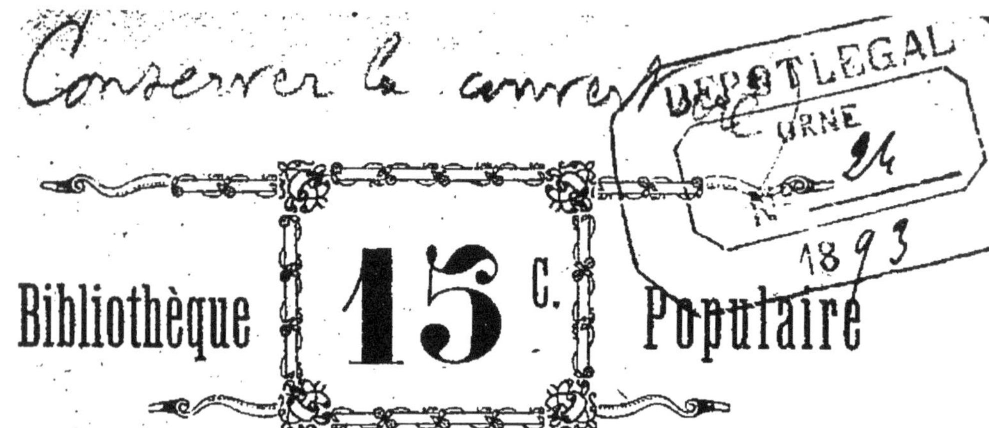

LA RÉPUBLIQUE

ET

SES REPRÉSENTANTS

PAR

D. MONIO

LE MAIRE

1893

...TÉ-MACÉ. — H. FENARD, IMPRIMEUR

LE MAIRE

D'APRÈS LA

Loi du 5 Avril 1884

LA RÉPUBLIQUE

ET

SES REPRÉSENTANTS

Tout citoyen est aujourd'hui électeur.

La République, le voulant éclairé, lui prescrit *l'obligation* de l'instruction, qu'elle a decrétée *laïque* et *gratuite*, pour que nul n'en pût être privé et pour que l'enseignement fût conforme aux principes de la Liberté.

Sorti de l'école primaire, l'enfant s'enrôle dans l'innombrable armée des travailleurs. Celui-ci apprend le commerce ou l'industrie ; celui-là veut être artisan ; cet autre tourne ses efforts vers l'agriculture.

Quelques années se passent. L'enfant devient homme et, plus que jamais, s'impose à lui l'inéluctable loi du travail.

Beaucoup de labeur et peu de loisirs.

Chaque jour, des droits à exercer, plus encore de devoirs à remplir. Le minimum de connaissances primaires qui a été naguère son lot l'aide à connaître les uns et les autres, lui permet d'être un utile rouage social.

A ce minimum, dont il doit s'efforcer de ne rien perdre, il lui faut ajouter certaines notions que lui impose sa qualité de citoyen d'un pays libre.

J'ai cru lui rendre service et l'intéresser en publiant une série de courtes études qui auront pour titre général : *la République et ses Représentants*, et pour sous-titres :

1º LE MAIRE, D'APRÈS LA LOI DU 5 AVRIL 1884.
2º L'ÉLECTEUR.
3º LE CONSEILLER MUNICIPAL.
4º LE CONSEILLER D'ARRONDISSEMENT.
5º LE CONSEILLER GÉNÉRAL.
6º LE SOUS-PRÉFET.
7º LE PRÉFET.
8º LE DÉPUTÉ.
9º LE SÉNATEUR.
10º LES MINISTRES.
11º LE PRÉSIDENT DE LA RÉPUBLIQUE.

Logiquement, j'aurais dû commencer par : *L'Électeur* — tout procédant de celui-ci — pour finir, ainsi que je le ferai, par la magistrature suprême de notre pays.

Pour une cause toute spéciale, je débute par : *Le Maire*.

Les électeurs me pardonneront, je l'espère, ce manque involontaire de déférence. En retour, je leur ferai connaître les conditions à remplir pour être administrateur, législateur, membre et chef de gouvernement, leur souhaitant d'être l'un ou l'autre, s'ils ont les qualités requises pour occuper de telles situations.

HISTORIQUE DE LA LOI DU 5 AVRIL 1884

L'enfant, dès l'école primaire, reçoit des notions sur l'organisation administrative de la France.

Il sait ce qu'on entend par les mots *département, arrondissement* et *commune*.

La commune, lui a-t-on appris, est une portion du territoire français administrée par un *Maire*.

Le maire de la commune lui est bien connu. Il l'a vu souvent, à l'école ou ailleurs. On en a parlé devant lui, dans sa famille. Pourtant il ne sait pas au juste quelles sont les attributions de ce magistrat municipal, qu'il respecte et salue avec déférence. Plus d'un adulte est dans son cas.

Je vais essayer de combler cette lacune,

avec les éléments fournis par la loi du 5 avril 1884, sur l'organisation municipale.

Cette loi a été substituée à celle du 5 mai 1855, qui avait elle-même remplacé les dispositions :

1° De la loi du 21 mars 1831, sur l'organisation municipale :

2° De la loi du 18 juillet 1837, sur l'administration municipale ;

3° Du décret du 3 juillet 1848, relatif au renouvellement des Conseils municipaux et des Conseils d'arrondissement et de département ;

4° De la loi du 7 juillet 1852, sur le renouvellement des Conseils généraux, des Conseils d'arrondissement et des Conseils municipaux, et sur la nomination des maires et adjoints.

Entre les lois du 5 mai 1855 et du 5 avril 1884 il convient de citer la loi provisoire du 14 avril 1871, qui modifiait les conditions de l'électorat municipal, remettait au Conseil le droit de sectionner les communes, décidait en principe que les maires et les adjoints seraient élus par les Conseils municipaux, et enfin réglait la grave question de l'organisation municipale de Paris. — et la loi du 20 janvier 1874, adoptée par l'Assemblée nationale, qui, pour en marquer le caractère nettement provisoire, y avait inséré un article portant que l'Assemblée devait être saisie, au plus tard dans les deux mois, d'un projet définitif sur l'organisation municipale.

Divers projets furent successivement présentés par MM. :

De Marcère, ministre de l'intérieur (29 mai 1876) ;

Jules Simon, ministre de l'intérieur (15 mars 1877) ;

André Folliet et Pascal Duprat (26 novembre 1877) ;

Ferdinand Dreyfus (28 novembre 1881) ;

Cunéo d'Ornano, Jules André et autres (29 avril 1880) ;

Goblet, ministre de l'intérieur (25 mars 1882).

C'est ce dernier projet qui, voté par la Chambre (rapporteur M. de Marcère) et transmis au Sénat le 19 novembre 1883 (rapporteur M. Demôle), fut définitivement adopté.

Cette importante question, on le voit, a donné lieu à de nombreuses délibérations et à un examen minutieux et approfondi.

La loi fut promulguée au *Journal officiel*

le 6 avril 1884, avec la date du 5. — Elle ne s'applique pas à Paris.

—

CORPS MUNICIPAL

« Le Corps municipal de chaque commune se compose du Conseil municipal, du maire et d'un ou de plusieurs adjoints. » (Art. 1er.) Dans les cérémonies publiques, le corps municipal a rang après le tribunal de première instance et l'état-major de brigade. (Décret du 24 messidor an XII, titre 1er, art. 8, et décret du 23 octobre 1883, art. 250). — Dans ce cas, il a droit à une escorte d'un demi-peloton de troupes à cheval ou d'une demi-section d'infanterie, sous le commandement d'un sous-officier. (Décret du 23 octobre 1883, art. 302.) — Les postes devant lesquels il passe prennent les armes, se forment devant le poste, l'arme au pied. (Même décret, art. 288.) Les sentinelles prennent les armes. (Idem, art. 296.)

« Le Conseil municipal se compose de 10 membres dans les communes de 500 habitants et au-dessous ;

De 12 dans celles de   501 à   1,500,
De 16   —   1,501 à   2,500,
De 21   —   2,501 à   3,500,
De 23   —   3,501 à 10.000,
De 27   —   10,001 à 30,000,
De 30   —   30.001 à 40,000,
De 32   —   40,001 à 50,000,
De 34   —   50,001 à 60,000 et an-
dessus.

« *Dans les villes divisées en plusieurs mairies, le nombre des conseillers municipaux sera augmenté de trois par mairie.* » (Art. 10.)

Paris et Lyon sont les deux seules villes divisées en arrondissements municipaux ; mais la loi du 5 avril 1884, ainsi qu'il a été dit, ne s'applique pas à la première. — Lyon, ayant six arrondissements municipaux, aura 54 conseillers (36 plus 3 fois 6).

« Les Conseils municipaux sont nommés pour *quatre ans*. Ils sont renouvelés intégralement, le premier dimanche de mai, dans toute la France, lors même qu'ils ont été élus dans l'intervalle. » (Art. 41.)

« Le Conseil municipal *règle par ses délibérations les affaires de la commune...* » (Art. 61.) — Il a donc en principe un pouvoir de décision propre, et ses délibéra-

tions sont, en conséquence et en règle générale, exécutoires par elles-mêmes et dès
qu'elles ont été prises.

—

LE MAIRE

GRATUITÉ DES FONCTIONS MUNICIPALES

« Les fonctions de maires, adjoints, conseillers municipaux sont gratuites. Elles
donnent seulement droit au remboursement
des frais que nécessite l'exécution des mandats spéciaux. Les conseillers municipaux
peuvent voter, sur les ressources ordinaires
de la commune, des indemnités aux maires
pour frais de représentation. » (Art. 74.)

Le remboursement des frais nécessités
par l'exécution de mandats spéciaux ne doit
avoir lieu que sur pièces justificatives.
Quant aux frais de représentation, nécessaires seulement dans les villes de quelque
importance, ils sont soumis au contrôle de
l'administration, chargée de veiller à ce
qu'ils ne constituent pas des traitements
déguisés. — (Un député, M. Desprês, a
récemment proposé à la Chambre de rému-
nérer les fonctions municipales. Cela per-

mettrait aux conseillers vivant de leur travail d'obtenir un léger dédommagement pé-
cuniaire.)

MODE DE NOMINATION DU MAIRE

« Le Conseil municipal élit le maire... »
(Art. 76.)

Sous l'Empire, de 1852 à 1870, le droit de
nomination fut exercé par le gouvernement,
avec faculté de prendre des candidats en
dehors du Conseil municipal. Est-il besoin
de signaler les abus d'un tel système et de
faire remarquer combien préférable est le
nouveau régime ?

DURÉE DES POUVOIRS DES MAIRES

« Les maires... sont nommés pour la
même durée que le Conseil municipal... »
(Art. 81.)

Les fonctions de maire peuvent prendre
fin pour des causes diverses :

1º Annulation de l'élection ;

2º Perte des conditions requises pour l'é-
ligibilité à ces fonctions ;

3º Démission volontaire. — Toute démission non définitive peut être retirée par celui qui l'a formulée ;

4º Suspension et révocation.

COSTUME OFFICIEL

De même que certains hauts fonctionnaires administratifs, préfets et sous-préfets, par exemple, le maire peut porter un costume officiel, fixé ainsi qu'il suit par le décret du 1er mars 1852 :

Grande tenue : Habit bleu, broderie en argent, branche d'olivier au collet, parements et taille, baguette au bord de l'habit, gilet blanc, chapeau français à plumes noires, ganse brodée en argent, épée argentée à poignée de nacre, écharpe tricolore avec glands à frange d'or.

Petite tenue : Même broderie au collet et parements.

Le costume des adjoints est le même, sauf cette distinction que le collet n'est brodé qu'aux coins et que l'écharpe est a franges d'argent ou blanche.

Nombre d'administrés ignorent ces détails. Cela s'explique aisément. Peu de magistrats municipaux usent de leur droit au port du costume officiel, dont presque toujours tient lieu l'écharpe tricolore, qui est le signe distinctif de l'autorité municipale.

HONNEURS CIVILS ET MILITAIRES

Le maire ne jouit que dans sa commune

des prérogatives attachées à ses fonctions. Les honneurs civils et militaires ne lui sont dus qu'à la tête du corps municipal. Il doit des honneurs aux autorités placées avant lui par le décret du 24 messidor an XII. S'il ne va les recevoir, il leur doit visite dans les vingt-quatre heures.

—

DROITS ET DEVOIRS

PRÉSIDENCE DES BUREAUX DE VOTE

Le maire préside les bureaux de vote, lesquels peuvent aussi être présidés par « les adjoints, les conseillers municipaux, dans l'ordre du tableau, et, *en cas d'empêchement, par des électeurs désignés par le maire.* » (Art. 17.)

SESSIONS EXTRAORDINAIRES

D'après une innovation consacrée par la nouvelle loi, il peut « *réunir le Conseil municipal chaque fois qu'il le juge utile. Il est tenu de le convoquer quand une demande motivée lui en est faite par la majorité en exercice du Conseil municipal.* Dans l'un et l'autre cas, en même temps qu'il convoque le Conseil, il donne avis au préfet ou au sous-préfet de cette réunion et des motifs qui la rendent nécessaire. — La convocation contient alors l'indication des objets spéciaux et déterminés pour lesquels le Conseil doit s'assembler, et le Conseil ne peut s'occuper que de ces objets. » (Art. 47.)

DÉLAI ET FORME DE LA CONVOCATION

« Toute convocation est faite par le maire. Elle est mentionnée au registre des délibérations, affichée à la porte de la mairie et adressée par écrit et à domicile, trois jours francs au moins avant celui de la réunion. — En cas d'urgence, le délai pent être abrégé par le préfet ou le sous-préfet. » (Art. 48.)

PRÉSIDENCE DU CONSEIL MUNICIPAL

« Le maire ou, à défaut, celui qui le remplace, préside le Conseil municipal.... (Art. 52.)

Dans les séances où les comptes d'administration du maire sont débattus, le Conseil municipal élit son président.

POLICE DES SÉANCES DU CONSEIL

« Le maire a seul la police de l'assemblée. Il peut faire expulser de l'auditoire ou arrêter tout individu qui trouble l'ordre. En cas de crime ou de délit, il en dresse un procès-verbal, et le procurenr de la République en est immédiatement saisi. » (Art. 55.)

Les articles 222 et 224 du Code pénal et l'article 33 de la loi du 29 juillet 1881 sur la presse protègent le président du Conseil municipal dans l'exercice de ses fonctions.

DÉLÉGATIONS DONNÉES PAR LE MAIRE

« Le maire est seul chargé de l'administration, mais il peut, *sous sa surveillance et sa responsabilité*, déléguer par arrêté une partie de ses fonctions à un ou plusieurs de ses adjoints, et, en l'absence ou en cas d'empêchement des adjoints, à des membres du Conseil municipal. Ces délégations subsistent tant qu'elles ne sont pas rapportées. » (Art. 82.)

Il peut déléguer une partie de ses fonctions à un ou plusieurs de ses adjoints, sans être astreint à observer le rang de ceux-ci. — Ce n'est qu'en cas d'absence ou d'empêchement des adjoints que des membres du Conseil municipal peuvent être délégués au même titre,

REMPLACEMENT DU MAIRE DANS LES CONTRATS OU PROCÈS OU CE MAGISTRAT A DES INTÉRÊTS OPPOSÉS A CEUX DE LA COMMUNE.

« Dans les cas où les intérêts du maire se trouvent en opposition avec ceux de la commune, le Conseil municipal désigne un autre de ses membres pour représenter la commune, soit en justice, soit dans les contrats. (Art. 83.)

DÉLÉGUÉ SPÉCIAL NOMMÉ POUR AGIR EN CAS DE REFUS DU MAIRE

« Si le maire refusait ou négligeait de faire un des actes qui lui sont prescrits par la loi, le préfet pourrait, après l'en avoir requis, y procéder d'office par lui-même ou par un délégué spécial. » (Art. 85.)

Le délégué spécial ne peut passer à un autre agent sa délégation. Il peut être choisi parmi les maires des communes voisines ou parmi les fonctionnaires de toute catégorie, sans tenir compte des incompatibilités prévues par l'article 80, ainsi conçu :

« Ne peuvent être maires ou adjoints, *ni en exercer même temporairement les fonctions :*

Les agents et employés des administrations financières, les trésoriers payeurs gé-

néraux, les receveurs particuliers et les
percepteurs ; les agents des forêts, ceux des
postes et télégraphes, ainsi que les gardes
des établissements publics et des particuliers.

Les agents salariés du maire ne pourront
être adjoints. »

SUSPENSION ET RÉVOCATION DES MAIRES

« Les maires peuvent être suspendus par
arrêté du préfet pour un temps qui n'excé-
dera pas *un* mois et qui peut être porté à
trois mois par le ministre de l'intérieur. —
Ils ne peuvent être révoqués que par le président de la République. La révocation
comporte de plein droit l'inéligibilité aux
fonctions de maire et à celles d'adjoint pendant une année à dater du décret de révocation, *à moins qu'il ne soit procédé aupara-
vant au renouvellement général des Conseils
municipaux*. (Art. 86.)

La suspension n'entraîne d'inéligibilité
d'aucune sorte.

Révocation ou suspension des fonctions
de maire ou d'adjoint ne portent point at-
teinte à la qualité de conseiller municipal,
mais elles empêchent le magistrat atteint,
s'il est premier inscrit au tableau, de rem-
placer le maire absent ou empêché.

Un maire révoqué ou suspendu qui exercerait ses fonctions après avoir été officiellement informé de son remplacement encourrait les peines portées par l'article 197 du Code pénal (six mois à deux ans de prison et amende de cent à cinq cents francs).

EMPLOYÉS ET AGENTS COMMUNAUX

« Le maire nomme à tous les emplois communaux pour lesquels les lois, décrets et ordonnances *actuellement en vigueur* ne fixent pas un droit spécial de nomination.— Il peut faire assermenter et commissionner les agents nommés par lui, mais à la condition qu'ils soient agréés par le préfet ou le sous-préfet. » (Art. 88.)

Les employés communaux brusquement révoqués de leur emploi ne sont fondés à en appeler, pour demander à la commune des dommages-intérêts, ni aux tribunaux civils, ni au Conseil d'Etat.

ADJUDICATIONS POUR LE COMPTE DE LA COMMUNE

« Lorsque le maire procède à une adjudication publique pour le compte de la commune, il est assisté de deux membres du Conseil municipal désignés d'avance par le Conseil ou, *à défaut de cette désignation,* appelés dans l'ordre du tableau. — Le receveur municipal est appelé à toutes les adjudications... » (Art. 89).

D'après l'ordonnance du 14 novembre 1837 (Voir : Bulletin officiel, 9e série, no 7183) toutes les entreprises de travaux communaux, sauf les exceptions prévues à l'article 2, où il peut être passé des marchés de gré à gré, doivent faire l'objet d'adjudications publiques.

L'adjudication doit être précédée de la rédaction d'un cahier des charges et annoncée par voie d'affiches un mois à l'avance.

Les marchés de gré à gré doivent être approuvés par le préfet.

ATTRIBUTIONS EXERCÉES PAR LE MAIRE COMME PRÉPOSÉ A LA GESTION DES INTÉRÊTS COMMUNAUX

« Le maire est chargé, sous le *contrôle du Conseil municipal* et la surveillance de l'administration supérieure :

1o De conserver et d'administrer les propriétés de la commune et de faire, en conséquence, tous actes conservatoires de ses droits ;

2o De gérer les revenus, de surveiller les

établissements communaux et la comptabi-
lité communale ;

3º De *préparer* et proposer le budget et
ordonnancer les dépenses ;

4º De diriger les travaux communaux ;

5º De pourvoir aux mesures relatives à la
voirie municipale ;

6º De souscrire les marchés,de passer les
baux des biens et les adjudications des travaux communaux dans les formes établies
par les lois et règlements et par les articles
68 et 69 de la présente loi ;

7º De *passer* dans les mêmes formes les
actes de vente, échange, partage, accepta-
tion de dons ou legs, acquisition, transac-
tion, lorsque ces actes ont été antorisés
conformément à la présente loi ;

8º De représenter la commune en justice,
soit en demandant, soit en défendant ;

9º *De prendre, de concert avec les propriétaires ou détenteurs du droit de chasse dans
les buissons, bois et forêts, toutes les mesures
nécessaires à la destruction des animaux nuisibles désignés dans l'arrêté du préfet, pris en
vertu de l'article 9 de la loi du 3 mai 1844 ;*

*De faire, pendant le temps de neige, à dé-
faut des détenteurs du droit de chasse, à ce
dûment invités, détourner les loups et san-*

gliers remis sur le territoire ; de requérir, à l'effet de les détruire, les habitants avec armes et chiens propres à la chasse de ces animaux ;

De surveiller et d'assurer l'exécution des mesures ci-dessus et d'en dresser procès-verbal ;

10° Et, d'une manière générale, d'exécuter les décisions du Conseil muuicipal. » (Art. 90.)

Le maire arrête, sous l'approbation préfectorale, le programme des cérémonies publiques.

Représentant de la commune et délégué du pouvoir central, il peut accepter provisoirement les dons ou legs faits à la commune (art. 113) et faire tous les actes interruptifs de déchéance (art. 122).

Il doit prévenir et réprimer les usurpations.

Il ne peut s'immiscer dans le maniement des deniers communaux.

Il s'occupe du budget ainsi qu'il est dit aux articles 145 et 152 ; de la voirie conformément aux articles 68, 7°, 97 et 98 ; des baux, d'après l'article 68, 1° ; des marchés de gré à gré en la forme prescrite par l'article 115 ; des adjudications, comme il a été expliqué à l'article 89.

Il passe les actes de partage régulièrement autorisés. — Le partage gratuit des biens communaux établi par la loi des 10-11 juin 1793 a été aboli par la loi du 2 prairial an V. La commune peut les céder à *titre onéreux* et moyennant un prix qui doit, en général, représenter la valeur des immeubles. (*Bulletin officiel du ministère de l'intérieur*, année 1857, page 25). Elle peut les donner à ferme, par bail, ou faire des partages de jouissance entre les habitants de la commune, moyennant une redevance en argent et en faisant autant de lots qu'il y a de feux ou de chefs de ménage. (Même Bulletin, même année, même page.) — Le partage de biens indivis entre communes ou sections, favorisé par la loi, doit avoir lieu d'après le nombre de feux existant dans chaque commune. Le partage entre communes et particuliers se fait par moitié.

Les actes de vente passés par le maire ne ne sont pas soumis à l'approbation préfectorale. (Circulaire du ministre de l'intérieur, 24 février 1864.)

Les acquisitions se règlent par l'article 68, nº 3 et les transactions par le même article, nº 4.

Les battues jugées nécessaires par le

maire pour la destruction des animaux malfaisants ou nuisibles ne peuvent être ordonnées par ce magistrat qu'après accord avec les propriétaires intéressés. (Circul. minist. int. 4 décembre 1884.) — En dehors des conditions du paragraphe 9 du présent article, les battues sont régies par : 1° l'arrêté du 19 pluviôse an V, concernant la chasse des animaux nuisibles ; 2° le règlement du 20 août 1814, portant organisation de la louveterie.

ATTRIBUTIONS DE POLICE MUNICIPALE ET RURALE

« Le maire est chargé, sous la surveillance de l'administration supérieure, de la police municipale, de la police rurale et de l'exécution des actes de l'autorité supérieure qui y sont relatifs. » (Art. 91.)

Pour l'exercice du pouvoir de police des maires, voir ci-après, articles 94, 95, 96, 97, 98 et 99.

Pour la police rurale, voir le *Code rural* (loi des 28 septembre-6 octobre 1791), dont on poursuit actuellement la révision.

ATTRIBUTIONS DU MAIRE COMME AGENT
DU POUVOIR CENTRAL

« Le maire est chargé, sous l'autorité de l'administration supérieure :

1º De la publication et de l'exécution des lois et règlements ;

2º De l'exécution des mesures de sûreté générales ;

3º Des fonctions spéciales qui lui sont attribuée par les lois. » (Art. 92.)

Pour la publication et l'exécution des lois et règlements, voir l'article 94 de la présente loi, nº 2, et l'article 11 du Code d'instruction criminelle, qui enjoint aux maires, en leur qualité d'officiers de police judiciaire, de rechercher et de constater les contraventions de police.

En matière de sûreté générale, le maire n'a pas de pouvoir propre et indépendant...

« C'est à vous — dit le ministre s'adressant aux préfets — qu'appartient l'initiative des mesures à prendre, et vous pouvez, à votre gré, soit déléguer au maire le soin de pourvoir à leur exécution, soit transmettre directement vos ordres aux fonctionnaires et aux agents chargés du service de la police. (Circ. minist. int, 3 novembre 1867).

Quant aux fonctions spéciales attribuées aux maires par les lois, on peut citer : fonctions d'officier d'état-civil ; recouvrement des contributions, recrutement de l'armée ; formation des listes électorales, etc., etc.

INHUMATIONS

« Le maire ou, à son défaut, le sous-préfet, pourvoit d'urgence à ce que toute personne décédée soit ensevelie et inhumée décemment, sans distinction de culte ni de croyance. » (art. 93).

Voir : Décret du 23 prairial an XII, notamment articles 19 et 26 ; — Décret du 18 juin 1811, art. 3, n° 4 ; — art. 97, n° 4 et 115, n° 2 de la présente loi.

DES ARRÊTÉS MUNICIPAUX

« Le maire prend des arrêtés à l'effet :

1° D'ordonner les mesures locales sur les objets confiés par les lois à sa vigilance et à son autorité ;

2° De publier de nouveau les lois et les règlements de police, et de rappeler les citoyens à leur observation. (art. 94).

Voir l'article 97 pour les objets confiés à la vigilance et à l'autorité des maires.

Les arrêtés municipaux de police obligent

tous les individus, même étrangers à la commune, qui se trouvent momentanément sur son territoire. (Cassation, 27 février 1847). — Ils n'ont de force légale que dans l'intérieur de la commune — Les arrêtés de police permanents, comme ceux sur les marchés, ne deviennent exécutoires qu'un mois après la remise de l'ampliation constatée (l'ampliation est le double d'un acte) par le récépissé donné par le sous-préfet ; et l'approbation antérieure du préfet ne peut leur donner force obligatoire avant le délai légal (Cassation, 12 mars 1868). — Les règlements et arrêtés temporaires des maires deviennent obligatoires le lendemain du jour où ils ont été publiés, affichés ou notifiés. (Cassation, 3 mars 1860) — Ils peuvent-être non-seulement généraux, mais spéciaux, c'est-à-dire applicables à certaines personnes déterminées.

Le Code pénal, article 471, n° 15, punit d'amende depuis un franc jusqu'à cinq francs inclusivement « ceux qui auront contrevenu aux règlements légalement faits par l'autorité administrative et ceux qui ne se seront pas conformés aux règlements ou arrêtés publiés par l'autorité municipale. »

SUSPENSION ET ANNULATION DES ARRÊTÉS MUNICIPAUX

« Les arrêtés pris par le maire sont immédiatement adressés au sous-préfet *ou, dans l'arrondissement du chef-lieu du département, au préfet.* — Le préfet peut les annuler ou en suspendre l'exécution... » (art. 95).

Le préfet peut annuler ou suspendre un arrêté municipal, mais il ne peut pas le modifier. (Circ. minist. intérieur 1er juillet 1840)

Le recours des particuliers lésés ou croyant l'être par un arrêté municipal s'exerce auprès du préfet et, en cas de non-satisfaction de la part de ce dernier, auprès du ministre de l'intérieur

PUBLICATION ET NOTIFICATION DES ARRÊTÉS MUNICIPAUX

« Les arrêtés du maire ne sont obligatoires qu'après avoir été portés à la connaissance des intéressés, par voie de publication et d'affiches, toutes les fois qu'ils contiennent des dispositions générales, et, dans les autres cas, par voie de notification individuelle. — La publication est constatée par une déclaration certifiée par le maire. — La notification est établie par le récépissé de la partie intéressée ou, à son défaut, par l'original de la notification conservé dans les archives de la mairie. — Les arrêtés, actes de publication et de notification sont inscrits à leur date sur le registre de la mairie. » (Art. 96).

POLICE MUNICIPALE

« La police municipale a pour objet d'assurer le bon ordre, la sûreté et la salubrité publique.

Elle comprend notamment :

1º Tout ce qui intéresse la sûreté et la commodité du passage dans les rues, quais, places et voies publiques, ce qui comprend le nettoiement, l'*éclairage*, l'enlèvement des encombrements, la démolition ou la réparation des *édifices* menaçant ruine, l'interdiction de rien exposer aux fenêtres ou aux autres parties des *édifices* qui puisse nuire par sa chute, ou celle de rien jeter qui puisse endommager les passants ou causer des exhalaisons nuisibles ;

2º Le soin de *réprimer les atteintes* à la tranquilité publique, telles que les rixes et disputes accompagnées d'ameutement dans les rues, le tumulte excité dans les lieux d'assemblée publique, les attroupements, les bruits et *rassemblements* nocturnes qui troublent le repos des habitants, *et tous actes de nature à compromettre la tranquillité publique* ;

3º Le maintien du bon ordre dans les endroits où il se fait de grands rassemblements d'hommes, tels que les foires, marchés, réjouissances et cérémonies publiques, spectacles, jeux, cafés, églises et autres lieux publics ;

4º *Le mode de transport des personnes décédées, les inhumations et exhumations, le maintien du bon ordre et de la décence dans les cimetières, sans qu'il soit permis d'établir des distinctions ou des prescriptions particulières à raison des croyances ou du culte du défunt ou des circonstances qui ont accompagné sa mort* ;

5º L'inspection sur la fidélité du débit des denrées qui se vendent au poids ou à la mesure, et sur la salubrité des comestibles exposés en vente ;

6º Le soin de prévenir, par des précautions convenables, et celui de faire cesser, par la distribution des secours nécessaires, les accidents et les fléaux calamiteux, tels que les incendies, les *inondations*, les mala-

dies épidémiques ou *contagieuses*, les épizooties, en provoquant, *s'il y a lieu*, l'intervention de l'administration supérieure ;

7° *Le soin de prendre provisoirement les
mesures nécessaires contre les aliénés dont
l'état pourrait compromettre la morale publique, la sécurité des personnes ou la conservation des propriétés ;*

8° Le soin d'obvier ou de remédier aux
évènements fâcheux qui pourraient être
occasionnés par la divagation des animaux
malfaisants ou féroces. » (art. 97),

L'article 97, très important, fixe le do-
maine de la police municipale proprement
dite. Il intéresse tout le monde : adminis-
trateurs et administrés. Aussi, chacun de
ses paragraphes va-t-il être commenté,
avec le numéro qui lui est propre.

1° Sûreté et commodité du passage dans les rues, places et voies publiques.

Nettoiement.— Le balayage et le nettoyage
des rues, au droit de chaque maison, incom-
bent aux locataires habitant seuls la maison.
Cette charge pèse sur le propriétaire si la
maison est inhabitée ou s'il occupe une partie de la maison louée.

Eclairage. — L'éclairage général est

pris à la charge de la commune qui l'établit. Des arrêtés municipaux peuvent obliger certaines catégories de personnes : aubergistes, cabaretiers, etc., à tenir une lanterne allumée à leur porte. (Code pénal, art. 471, n° 3). — Le défaut d'éclairage des matériaux déposés sur la voie publique est punissable même en l'absence de tout règlement local à cet égard (Cassation, 19 février 1858). — L'obligation d'éclairer pendant la nuit les matériaux déposés sur la voie publique emporte la responsabilité de tout accident qui peut interrompre cet éclairage. Il y a, dès lors, violation de la foi due au procès-verbal, dans le jugement qui acquitte par ce motif qu'une lanterne avait été allumée le soir. (Cassation, 29 juillet 1865). — *Aucun prétexte* : clarté de lune, voisinage d'un bec de gaz, lumière éteinte par le mauvais temps, ne peut excuser le défaut d'éclairage. — L'éclairage doit durer du coucher au lever du soleil ; il s'applique aux voitures non attelées stationnant la nuit sur la voie publique.

Enlèvement des encombrements. — L'embarras de la voie publique sans nécessité est punissable même en l'absence de tout règlement. (Cassation 19 février 1858). —

La disposition de l'article 471, n° 4, du Code pénal est applicable à la vente d'objets mobiliers opérée par un commissaire-priseur sur la voie publique. (Cassation, 14 mai 1857). Il en est de même pour l'étalage de marchandises fait par un marchand sur une marche en pierre de sa maison qui fait saillie sur la rue (Cassation, 29 août 1861) et pour le stationnement des voitures (Cassation, 13 mai 1854 ; 6 février 1859). — L'expression voie publique comprend les voies publiques *rurales* aussi bien que les voies publiques urbaines. (Cassation, 9 juin 1854). — C'est au tribunal de police seul qu'il appartient d'apprécier si un dépôt de matériaux embarrassant la voie publique a eu lieu ou non sans nécessité. (Cassation, 20 septembre 1855 ; 28 novembre 1856 ; 17 septembre 1857 ; 15 et 31 mars 1856).

La nécessité ne peut consister que dans une cause accidentelle, dans un évènement imprévu ou de force majeure, et non dans un embarras journalier et successif, ayant pour objet ou pour résultat de faciliter l'exercice d'une profession. (Cass. 9 fév. et 8 mai 1856 ; 13 oct. 1859 ; 12 déc. 1862 ; 13 mars 1865). — En se prolongeant, le dépôt

tait par nécessité peut devenir punissable ;
le maire a donc le droit de le soumettre à
l'obligation d'une autorisation préalable et
de fixer dans l'intérêt de la circulation, les
conditions de temps et d'espace y relatifs.—
Le maire peut également règlementer la
circulation des voitures de places : lieux de
stationnement, tarif obligatoire affiché dans
l'intérieur de chaque voiture (Cass. 27 fév.
1875) ; interdiction du passage de certaines
rues à certaines heures ou certains jours ;
interdiction du passage des voitures et bestiaux sur une promenade publique, etc.

*Démolition ou réparation des édifices mena-
çant ruine.* — Lorsqu'une maison ou construction bordant la voie publique menace
ruine, il y a lieu d'ordonner la réparation,
si elle en est susceptible, ou la démolition
dans le cas contraire. En cas d'urgence et
de péril imminent, le maire fait dresser
procès-verbal par les gens de l'art, le dé-
nonce au propriétaire et peut ordonner, sous
sa responsabilité, toutes les mesures qu'il
juge nécessaires pour la sécurité publique,
même la démolition à exécuter d'office. —
Aux termes de l'édit de 1607, interprété
par la déclaration de 10 avril 1783, l'entre-
preneur est, comme le propriétaire, respon-

sable des constructions faites joignant la voie publique, soit sans autorisation préalable, soit en dehors des conditions prescrites par l'arrêté d'autorisation, qui ne doit pas lui être notifié personnellement. (Cass. 12 mars 1869). — Les ouvriers et artisans, tels que maçons et serruriers, qui concourent aux travaux de construction exécutés sur la voie publique, sans l'autorisation nécessaire, sont passibles, comme le propriétaire, de l'amende prononcée par l'article 471, n° 5. (Cass. 13 juill. 1860). — L'autorisation de construire sur la voie publique doit être écrite. (Cass. 26 janv. 1856, 23 avril 1859, 13 mars 1863). Si elle a été donnée avec des conditions, elle ne vaut que dans le cercle de ces conditions. (Cass. 1er août 1856).

Interdiction de rien exposer aux fenêtres ou de rien jeter sur la voie publique qui puisse endommager les passants ou causer des exhalaisons nuisibles. — Il y a contravention dans le fait de jeter sur la voie publique, non seulement des immondices, mais encore de l'eau propre, qui rentre dans la classe des objets de nature à nuire par leur chute d'une fenêtre. (Code pénal, 471, n° 6. Cass. 2 janv. 1869).—Il n'est pas besoin d'un règlement spécial de police pour constituer la contravention prévue par l'article 471, n° 6, du Code pénal.

2° Atteintes à la tranquillité publique.

Rixes et disputes. — L'article 97 ne vise que les rixes et disputes accompagnées d'ameutement dans les rues. — Le maire peut toutefois réprimer, comme officier de police judiciaire, les rixes et disputes sans ameutement survenues dans les rues.

Tumulte excité dans les lieux d'assemblée publique.—Il s'agit ici de maintenir l'ordre et dans les rues et places publiques, et dans les réunions publiques qui ne peuvent se tenir sur la voie publique.— Pour les réunions publiques, voir la loi du 30 juin 1881, qui accorde le droit de réunion, sous certaines conditions. — Les réunions du Conseil municipal étant aujourd'hui accessibles au public, peuvent être considérées comme des lieux d'assemblées publiques, et la police peut en être réglée par un arrêté municipal ayant pour sanction l'article 471, n° 15, du Code pénal. — Les réunions privées sont absolument libres.

Attroupements. — Les attroupements, armés ou non armés, formés sur la voie publique, sont interdits. Ils peuvent, après trois sommations faites par un magistrat (préfet, sous-préfet, maire, adjoint de maire, officier de police judiciaire), être dispersés par la force. (Voir, à ce sujet : loi du 3 août 1791, art. 26, 27, 29; loi du 10-11 avril 1831 ; loi du 7 juin 1848; décret du 25 février 1852, art. 4).

Bruits et rassemblements nocturnes. — Les magistrats municipaux tiennent des lois le droit et ont le devoir de veiller à l'ordre et à la tranquillité publique, d'empêcher ou réprimer toute démonstration de nature à nuire au repos des habitants. — Ils peuvent, pour prévenir les bruits et rassemblements nocturnes, prendre des arrêtés ayant pour sanction l'article 471, n° 15, du Code pénal et portant, par exemple sur les points suivants : interdiction d'exercer des professions bruyantes à certaines heures de la nuit, de faire claquer des fouets, de sonner du cor à moins de 100 mètres des habitations, de faire des charivaris, de pousser des cris et hurlements en pétrissant le pain, de tirer des pétards, artifices et armes à feu sur la voie publique, dans les maisons et jardins, etc., etc. — Ils peuvent réglementer les sonneries civiles des cloches (voir article 100 ci-après) et l'exercice de la profession de crieur public, consistant à faire à haute voix dans les rues, la publication des ventes, objets perdus et annonces diverses (Cons. d'Et., 17 janv. 1884). Voir pour les crieurs publics : loi du 16 février 1834, abrogée par la loi sur la presse du 29 juillet 1881, art. 68. — Ils peuvent interdire les mascarades et les travestissements dans les lieux publics (Cass. 9 mars 1838); les cortèges et processions hors des édifices religieux (Cass. 5 août 1836, 18 mai 1834 ; loi du 18 germinal an X, art. 45 ; Cons. d'Et. 17 août 1880 ; circ. min. cult. 13 juin 1882); les quêtes sur la voie publique. — Ils peuvent faire clôturer les terrains bordant la voie publique (Cons. d'Et. 21 août 1839, Cass. 19 19 août 1836, 2 fév. 1837, 13 août 1846); prescrire la fermeture, la nuit, des portes des allées, maisons et cours donnant sur la voie publique (Cass. 3 oct. 1851, 26 mars 1860, 12 janv. 1882). — « Seront punis d'amende de 11 à 15 fr. inclusivement les auteurs ou complices de bruits ou tapages injurieux ou nocturnes, troublant la tranquillité des habitants. » (C. P., art. 479, nᵒ 8). — Pour que l'infraction existe, il n'est pas nécessaire que le bruit ou tapage soit tout à la fois injurieux et nocturne, il suffit qu'il ait l'un ou l'autre de ces caractères (Cass. 26 août 1848). — Le bruit ou tapage nocturne est celui qui est fait avant le lever et après le coucher du soleil (Cass. 16 nov. 1854). — Le fait de sonner le soir aux portes des habitations, sans qu'il en résulte un trouble au dehors ne constitue pas la contravention de tapage nocturne (Cass. 24 janv. 1868). — Les bruits et tapages qui ont lieu dans l'intérieur des maisons ne sont pas affranchis de la contravention à l'article 479, nᵒ 8, s'ils ont été entendus au dehors ; est nul le jugement qui acquitte le prévenu de bruits et tapages, en se fondant sur ce que chacun est libre de se conduire dans sa demeure comme bon lui semble (Cass. 1ᵉʳ mai 1863, 16 avril 1864) — Décidé cependant qu'on ne peut considérer comme bruits prohibés ceux qui ne sont que le simple exercice d'un droit légitime. Ainsi, tout citoyen ayant le droit d'avoir dans sa maison des réunions privées ou des bals, les bruits nocturnes qui peuvent en résulter ne sauraient tomber sous l'application du nᵒ 8 de l'article 479 (Cass. 28 avril 1859). — Les tapages nocturnes sont punissables alors même qu'ils ont lieu en dehors des villes ou villages, partout où il y a des habitations (Cass. 29 août 1857).—Les bruits et tapages nocturnes ne sont punissables qu'autant qu'ils proviennent d'un fait personnel et volontaire du prévenu. (Cass. 15 avril 1859). Ainsi l'article 479 n° 8 n'est pas applicable au maître d'un chien qui pousse des hurlements pendant la nuit. (Cass. 15 avril 1859). — Cet article est applicable au tapage nocturne que produisent deux individus qui s'adressent réciproquement des injures sur la voie publique (Cass. 19 nov. 1858); aux chants et autres cris proférés la nuit à haute voix sur la voie publique (Cass. 8 juill. 1852); à celui qui tire d'un instrument, à toutes les heures de la nuit, des sons aigüs et perçants de nature à troubler le repos des habitants (Cass. 8 janv. 1859). — Tout rassemblement, quelle que soit l'impulsion qui l'a formé, s'il a été provoqué par un tapage injurieux, tend à troubler la tranquillité publique (Cass. 4 oct. 1851).

3° Maintien du bon ordre dans les endroits où il se fait de grands rassemblements d'hommes.

Foires et marchés. — Le maire a le droit

de prendre les mesures propres à assurer l'approvisionnement des marchés et l'inspection des denrées ; — de prohiber la vente et l'achat sur la voie publique et même à domicile, sauf pour les commerçants de la ville, qui ne peuvent être tenus d'apporter leurs marchandises au marché (Cass. 9 janv. 1844) et les patentés ayant boutique en ville (Cass. 1er juill. 1859, 29 mars 1856, 18 août 1864); — de désigner un emplacement spécial pour chaque nature de denrées (Cass. 23 fév. 1855); — d'interdire aux revendeurs, marchands en gros et commissionnaires d'acheter avant une heure déterminée après l'ouverture du marché (Cass. 25 mai 1855) et même de paraître et circuler sur le marché avant cette heure (Cass. 21 nov. 1867).

Réjouissances et cérémonies publiques. — S'il s'agit de la Fête nationale (14 juillet), le programme dressé par le maire doit être approuvé par le préfet. Pour une fête locale, le maire agit comme ordonnateur de la fête. Toutefois les dispositions de son arrêté ayant le caractère de mesures de police sont susceptibles, en vertu de l'article 95, d'être suspendues ou annulées par le préfet.

Spectacles. — Théâtres : *ouverture :* (loi du 13-19 janvier 1793) ; *ouvrages des auteurs :* (loi du 19 juillet-6 août 1791) ; *mesures pour prévenir l'incendie des salles de spectacle :* (arrêté du 1er germinal an VII) ; *rétribution aue aux auteurs :* (décret du 8 juin 1806) ; *représentation des ouvrages dramatiques :* (décret du 10 décembre 1852) ; *liberté des théâtres :* (décret du 6 janvier 1854); *contrôle des répertoires :* (décret du 6 janvier 1854).— Le maire peut prendre des règlements locaux pour assurer le bon ordre dans les théâtres et spectacles divers. — « Les spectacles publics ne pourront être permis et autorisés que par les officiers municipaux. » (Loi du 16-24 août 1790, titre XI, art. 4). — « Les entrepreneurs ou les membres des différents théâtres, seront à raison de leur état, sous l'inspection des municipalités... » (Loi du 13-19 janvier 1791, art. 6.) — Le maire a le devoir de prescrire, pour la construction des salles, toutes les dispositions qu'exige la sûreté des personnes et d'interdire l'ouverture de toute la salle ne remplissant pas les conditions exigées tant pour la solidité de l'édifice, que pour la salubrité et la commodité des spectateurs et pour la facilité de la circulation aux abords de la salle ainsi que pour les précautions à prendre contre l'incendie. — Les spectacles de curiosités, les marionnettes, les cafés chantants ou cafés-concerts et autres établissements du même genre relèvent exclusivement de la police locale. — .... « Je vous rappellerai à cette occasion, monsieur le préfet, qu'aux termes des instructions antérieures, un double du programme de chaque concert doit être remis, vingt-quatre heures au moins à l'avance, à M. le commissaire de police, auquel doivent être communiquées également, avant l'ouverture du concert, toutes modifications qu'on désirerait introduire dans le programme primitif. « (Circ. min. int. 27 nov. 1872).

Jeux. — Le Code pénal, article 410, et la loi du 18 juillet 1836 interdisent les maisons de jeux en France. — Les jeux dans lesquels il n'entre aucune combinaison, où l'habileté et l'intelligence n'ont aucune part, sont des jeux de hasard : tels sont la roulette, le baccarat, le chemin de fer, les dés, le lansquenet, etc. — Seront punis d'amende depuis six francs jusqu'à dix francs inclusivement ceux qui auront établi ou tenu des jeux de loterie ou d'autres jeux de hasard. (C. P.,

475, n° 5). — Les loteries de toute espèce sont prohibées. (Loi du 21 mai 1836.) — On ne peut considérer comme jeux de hasard que ceux auxquels le hasard seul préside. Ainsi, n'est pas jeu de hasard : le *bézi* (Cass. 2 avril 1853), l'*écarté* (Cass. 31 juill. 1863), la *mouche* (Cass. 18 fév. 1858), le *piquet* (Cass. 8 janv. 1857), le jeu de billard dit *jeu de poule* (Cass. 9 nov. 1861), le jeu de *quilles* (Cass. 26 mai 1855). — Les maires n'ont pas le droit d'autoriser les jeux de hasard, l'autorité ne pouvant jamais permettre ce que la loi defend. Les jeux non interdits par la loi sont sous leur surveillance, et ils peuvent les interdire absolument ou les autoriser, sous certaines conditions, sur la voie publique ou dans les lieux publics (Cass. 29 déc. 1865). — Les maires ont le droit, en vertu de l'article 97 de la loi du 5 avril 1884 et de la loi du 18-22 juillet 1791, de défendre dans les lieux publics, tels que cabarets et cafés, toute espèce de jeu, même ceux de piquet et d'écarté. — Le jeu dit *des petits chevaux* est toléré, comme distraction, dans les casinos, mais à la condition que chaque enjeu ne soit pas supérieur à 2 francs et qu'on interdise les séries multiples de billets ou de numéros dans les parties engagées. — Les jeux dits *chemins de fer, tour du monde, tournant, baraque*, ne sont que des variétés de la roulette et demeurent formellement interdits. (Circ. min. int. 20 mai, 20 juin et 18 juillet 1885).

Bals publics. — Le maire a la surveillance particulière des bals publics. Il peut défendre, par un arrêté, l'ouverture de bals publics sans son autorisation. En cas d'autorisation, il peut fixer les heures d'ouverture et de clôture du bal (Cass. 18 août 1832); assigner au bal un emplacement spécial (Cons. d'Et. 14 août 1865 ; défendre qu'on y reçoive aucune personne masquée, déguisée ou travestie, sauf tolérance, s'il y a lieu, pendant le carnaval ; ordonner que tous bâtons, cannes ou armes soient déposés en entrant ; interdire les danses indécentes, etc. — Les entrepreneurs de bals publics sont tenus d'acquitter, au profit des indigents, un droit fixé par la loi du 8 thermidor an V, au quart de la recette brute. Cet impôt a lieu exclusivement pour les bals où il y aura un bureau de recette ; il est perçu lors même qu'ils ont le titre de bal de société. — Un bal organisé par souscription dans une salle publique où toute personne qui se présente peut être admise si elle s'engage à payer sa part des frais peut être assimilé à un bal public (Cass. 6 juill. 1867); il n'en est pas de même d'un bal donné, même dans un établissement public, à l'occasion d'un mariage, cette réunion ayant un caractère exclusivement privé. (Cass. 3 août 1868).

Cafés, cabarets et autres débits de boissons. — La loi du 17 juillet 1880, qui abroge le décret du 29 décembre 1851, a décrété la liberté de l'industrie des débits, tout en maintenant les droits de surveillance et de police du maire, qui est spécialement chargé du maintien du bon ordre dans ces établissements et qui doit, non seulement assurer l'exécution des arrêtés pris par le préfet, mais encore, sans contrevenir aux dispositions générales de l'arrêté préfectoral, édicter des prescriptions réglementaires spéciales pour adapter le règlement du préfet aux us et coutumes locaux. — Le maire peut réduire la durée d'ouverture nocturne des cafés ou débits fixée par l'arrêté préfectoral, mais il ne saurait jamais dépasser la limite maximum d'ouverture indiquée dans ledit arrêté (Cass. 10 mai 1867). — Il ne peut ac-

corder de dispenses particulières, en dehors
des cas prévus par l'arrêté préfectoral (Cass.
1er février 1873). — Il peut interdire aux cabaretiers de donner à boire aux enfants au-
dessous d'un certain âge, de loger des filles
publiques (Cass. 3 juil. 1835); d'employer
dans leurs établissements aucune femme ou
fille étrangère à leur famille (Cass. 21 juill.
1883) ou des femmes ou filles non munies
d'un certificat de bonne vie et mœurs. —
Tout l'appartement d'un maître de café ou
cabaret fait partie de son établissement et
se trouve soumis aux mêmes conditions. Il
ne peut dès lors invoquer l'inviolabilité due
à l'habitation d'un particulier ; son infraction ne pourrait être non plus excusée par
le motif que les personnes trouvées chez
lui après la clôture sont des parents et des
amis réunis à l'occasion d'une fête privée
(Cass. 2 décembre 1848). — Les officiers de
police (maires, adjoints, commissaires de
police, gardes champêtres) peuvent pénétrer dans les cabarets et cafés à toute heure
du jour et même de nuit, pourvu, dans ce
dernier cas, que le lieu soit encore ouvert
au public. Ils peuvent même y pénétrer, as-
sistés de main-forte, après les heures fixées

pour leur fermeture, lorsqu'ils y entendent
du bruit ou tapage.

Auberges et garnis. — La cour de cassation a décidé plusieurs fois que les cabaretiers et hôteliers avaient le droit de refuser
de débiter des boissons ou de louer des
chambres disponibles dans leur établissement. Ce commerce est complètement libre. — Seront punis d'amende, depuis six
francs jusqu'à dix francs inclusivement, les
aubergistes, hôteliers, logeurs ou loueurs
de maisons garnies, qui auront négligé
d'inscrire de suite et sans aucun blanc, sur
un registre tenu régulièrement, les noms,
qualités, domicile habituel, dates d'entrée et
de sortie de toute personne qui aurait cou-
ché ou passé une nuit dans leurs maisons ;
ceux d'entre eux qui auraient manqué de représenter ce registre aux époques déterminées par les règlements, ou lorsqu'ils en
auraient été requis, aux maires, adjoints,
officiers ou commissaires de police, ou aux
citoyens commis à cet effet, le tout sans
préjudice des cas de responsabilité men-
tionnés en l'article 73 du présent Code, rela-
tivement aux crimes ou aux délits de ceux
qui, ayant logé ou séjourné chez eux, n'au-

raient pas été régulièrement inscrits (C. P.,
475, n° 2). — Voir ordonnance de police du
6 novembre 1778, article 5; ordonnance de
police du 10 juin 1820, article 9. — Le juge
de police saisi d'un procès-verbal contre un
logeur, prévenu d'avoir reçu dix étrangers
dans son auberge, sans les avoir inscrits
sur son registre, doit le condamner à dix
amendes distinctes, chaque défaut d'inscription constituant une contravention dis-
tincte (Cass. 8 janv. 1864). — Le maire peut
obliger les logeurs à présenter leurs registres à la mairie à des époques déterminées
(Cass. 14 octobre 1847) ou à en envoyer chaque jour un extrait (Cass. 13 janv. 1857). —
Les aubergistes ou hôteliers sont responsables, comme dépositaires, des effets apportés par le voyageur qui loge chez eux ; le
dépôt de ces sortes d'effets doit être re-
gardé comme un dépôt nécessaire (Code civil, article 1952). — Ils sont responsables du
vol ou du dommage des effets du voyageur,
soit que le vol ait été fait ou que le dommage ait été causé par les domestiques et
préposés de l'hôtellerie, ou par des étrangers allant et venant dans l'hôtellerie (même
Code, art. 1953). — Voir la loi du 18 avril
1889, ayant pour objet de compléter les dis-

positions de l'article 1953 du Code civil et
« votée dans le but de mettre les règles relatives à la responsabilité spéciale des aubergistes et hôteliers, à l'égard des objets
apportés chez eux par les voyageurs logés
dans l'auberge ou l'hôtel, en harmonie avec
l'accroissement du nombre des passagers
résultant de la rapidité des transports, la
création des nombreuses valeurs fiduciaires
dont ils peuvent être porteurs et l'exten-
sion des établissements de passage qui en
rend la surveillance plus difficile. » -- Voir
également la circulaire du ministre de l'intérieur du 29 octobre 1889 (année 1889,
nº 10, page 372 et suivantes) relative au
même objet.

Églises. — Le curé a la police intérieure
de son église (décision ministérielle du 21
pluviôse an XIII). — Le maire a le droit et
le devoir de faire respecter l'ordre public
dans l'église, comme dans tous les autres
lieux « où il se fait de grands rassemblements d'hommes ». — L'article 97 de la loi
du 5 avril 1884 ne fait que reproduire en ce
sens les prescriptions de l'article 3, 3º, titre XI, de la loi du 16-24 août 1790.

Autres lieux publics. — *Cercles*. — « Nulle

association de plus de vingt personnes, dont le but sera de se réunir tous les jours ou à certains jours marqués pour s'occuper d'objets religieux, littéraires, politiques ou autres, ne pourra se former qu'avec l'agrément du gouvernement, et sous les conditions qu'il plaira à l'autorité publique d'imposer à la société. » (C. P., art. 291).— « La mission de l'officier de police en pareille matière se borne donc à veiller à ce que la réunion se maintienne dans les conditions fixées par le décret d'autorisation. Sa surveillance doit être exercée avec toute la discrétion et la réserve possible, de manière à éviter toute cause de froissement et de susceptibilité. S'il avait de justes motifs de croire qu'il se passe dans l'intérieur du Cercle des faits répréhensibles ou même simplement fâcheux au point de vue de la morale, de la tranquillité ou de l'ordre public, il devrait, après informations prises, en référer au sous-préfet ou au préfet, et attendre ses instructions. A moins de circonstances particulières exigeant son intervention immédiate, l'officier de police doit s'abstenir de prendre l'initiative des démarches à faire. Comme lieux de réunion, les cercles sont certainement placés sous sa surveillance, et son droit à leur égard est incontestable en principe, mais il ne doit l'exercer qu'avec prudence. La liste des membres fournie d'avance et la désignation d'un bureau responsable vis-à-vis de l'autorité publique offrent des garanties que l'on ne peut méconnaître, et commandent des ménagements, quelquefois même une tolérance que l'on ne saurait avoir vis-à-vis des cafés, débits de boissons ou autres lieux publics ouverts indistinctement à tous ceux qui se présentent. » (D. DE MAILHOL, *Dictionnaire encyclopédique d'administration générale.*)

Maisons de tolérance. — Les maisons de prostitution sont placées sous la surveillance de l'autorité municipale. — D'après l'article 9, titre 1er, de la loi du 19-22 juillet 1791, l'entrée ne peut jamais en être refusée, sous aucun prétexte, en quelque temps et à quelque heure que ce soit, aux maires et aux officiers de police. — Les maires peuvent obliger les chefs de ces établissements à tenir un registre des personnes qui y passent la nuit (Cass. 29 nov. 1844) et les soumettre à toutes les prescriptions que leur paraissent comporter la sécurité des personnes et la santé publique. — Une maison de tolérance ne peut être ouverte sans une permission de l'autorité municipale. — L'autorité municipale a le devoir de poursuivre la prostitution clandestine et peut défendre aux maîtres des cafés, cabarets et auberges, d'y recevoir des filles publiques (Cass. 17 juill, 1875); elle a le droit d'ordonner d'office l'inscription sur les registres de police, avec obligation de subir les visites sanitaires, de toute fille ou femme se livrant clandestinement à la prostitution (Cass. 14 nov. 1861).

4⁰ Police des cimetières et inhumations

« Les lieux de sépulture, soit qu'ils appartiennent aux communes, soit qu'ils appartiennent aux particuliers, seront soumis à l'autorité, police et surveillance des administrations municipales. » (Décret du 23 prairial an XII, art. 16). « Les autorités locales sont spécialement chargées de maintenir l'exécution des lois et règlements qui prohibent les exhumations non autorisées, et d'empêcher qu'il ne se commette dans les lieux de sépulture aucun désordre, ou qu'on s'y permette aucun acte contraire au respect dû à la mémoire des morts. » (Même décret, art. 17). —« Le mode le plus convenable pour le transport des corps sera réglé, suivant les localités, par les maires, sauf l'approbation des préfets. » (Même décret, art. 21). — « Il est défendu à tous maires, adjoints et membres d'administrations municipales, de souffrir les transport, présentation, dépôt, inhumation des corps, ni l'ouverture des lieux de sépulture ; à toutes fabriques d'églises et consistoires ou autres, ayant droit de faire les fournitures requises pour les funérailles, de livrer lesdites fournitures ; à tous curés, desservants et pasteurs, d'aller lever aucun corps, ou de les accompagner hors des églises et temples, qu'il ne leur apparaisse de l'autorisation donnée par l'officier de l'état-civil pour l'inhumation, à peine d'être poursuivis comme contrevenant aux lois. » (Décret du 4 thermidor an XIII, art. 1er).— Aucune inhumation ne sera faite sans une autorisation, sur papier libre et sans frais, de l'officier de l'état-civil, qui ne pourra la délivrer qu'après s'être transporté auprès de la personne décédée, pour s'assurer du décès, et que vingt-quatre heures après le décès, hors les cas prévus par les règlements de police »

(C. civ., art. 77). — La défense de l'article 77 du Code civil a lieu pour les militaires décédés en France (Instruction du ministre de la guerre, 24 brumaire an XIII). — Aux termes de l'arrêté du 22 prairial an V, dans chaque commune où ne réside pas un juge de paix, l'agent municipal, et, à son défaut, son adjoint, sont tenus de donner avis, sans aucun délai, au juge de paix résidant dans le canton, de la mort de toute personne de son arrondissement qui laisse pour héritiers des pupilles, des mineurs ou des absents. — « Ceux qui, sans l'autorisation préalable de l'officier public, dans le cas où elle est prescrite, auront fait inhumer un individu décédé, seront punis de six jours à deux mois d'emprisonnement, et d'une amende de seize francs à cinquante francs ; sans préjudice de la poursuite des crimes dont les auteurs de ce délit pourraient être prévenus dans cette circonstance. — La même peine aura lieu contre ceux qui auront contrevenu, de quelque manière que ce soit, à la loi et aux règlements relatifs aux inhumations précitées. » (Code pénal, art. 358). — L'article 358 ne concerne pas le prêtre qui lève les corps et les accompagne ; mais le prêtre, dans ce cas, contrevient au décret du 4 thermidor an XIII, et encourt la peine de l'article 471, n° 15 (Cass., 27 janv. 1832). —Grâce à la loi du 14 novembre 1881, qui a abrogé l'article 15 du décret du 23 prairial an XII (lequel prescrivait d'affecter dans le cimetière des parties séparées aux aux différents cultes), le cimetière est absolument neutre et il ne saurait y être établi d'autres distinctions que celles que commande le bon aménagement du terrain, la séparation notamment des concessions perpétuelles et des concessions temporaires.— Un arrêté municipal peut interdire les inhumations ailleurs que dans le cimetière (Cassation, 10 octobre 1856). — L'autorité municipale peut donc s'opposer à ce que le corps d'un habitant de la commune soit dirigé sur le cimetière d'une autre commune (Cassation, 28 mars 1862; Conseil d'Etat, 23 février 1861). — Voir sur cette question et sur plusieurs autres relatives aux droits de l'autorité municipale en matière d'inhumation, une étude de M. Ducrocq, publiée sous un arrêt de la Cour de Poitiers du 30 mai 1844 (Dalloz, 1884, 2, 185). — Les exhumations ne peuvent, comme les inhumations, avoir lieu sans autorisation. Le maire peut interdire qu'il y soit procédé sans la présence du commissaire de police (Cassation, 16 janv. 1868). — L'autorité municipale a le droit de fixer les heures des convois et d'en tracer l'itinéraire (Cassation, 23 janv. 1874). — Plusieurs communes peuvent n'avoir qu'un cimetière. Il arrive quelquefois aussi que le cimetière d'une commune est situé sur le territoire d'une commune voisine (Conseil d'Etat, 4 décembre 1874, commune de Villemoutiers). — « Toutes les fois que le cimetière d'une commune est situé sur son propre territoire, le droit d'y exercer la police appartient entièrement et exclusivement au maire. Si la commune n'a point de dépendances rurales, ou si son territoire n'offre aucun emplacement convenable pour l'établissement de son cimetière, il n'y a point d'obstacle légal à ce que ce cimetière soit établi sur le territoire d'une commune voisine. Mais, dans ce cas, le droit de police attribué au maire de la commune, propriétaire du sol du cimetière, est restreint à ce qui concerne les inhumations. A celui de la commune du lieu reste dévolue la juridiction de police municipale comme sur les autres parties du territoire communal dont cet emplacement ne cesse pas de faire partie, c'est-à-dire qu'en cas de désordre, de tumulte, de vol ou de tout autre délit ou crime qui pourrait s'y commettre, c'est à ce dernier magistrat d'intervenir, de verbaliser et de provoquer les poursuites nécessaires. » (Bulletin officiel du ministère de l'intérieur, année 1857, page 170). — « Toute personne pourra être enterrée sur sa propriété, pourvu que ladite propriété soit hors et à la distance prescrite (35 à 40 mètres) de l'enceinte des villes et bourgs. » (Décret du 23 prairial an XII, art. 14), et que le maire ait accordé son autorisation (Cassation, 14 avril 1838). — L'autorisation du maire ne confère pas d'ailleurs aux membres de la famille le droit d'être inhumés dans cette sépulture privée. Une autorisation spéciale est nécessaire pour chaque inhumation (Cassation, 11 juill. 1856). — Le droit de surveillance de l'autorité municipale s'exerce aussi bien sur les cimetières privés que sur les cimetières publics (voir ci-avant l'article 16 du décret du 23 prairial an XII). — « En principe, les établissements publics ou les communautés religieuses ne doivent pas être autorisés à ouvrir des cimetières particuliers pour la sépulture de leurs membres (Bulletin officiel du ministère de l'intérieur, années 1860, page 431, et

1864, page 319). Le gouvernement peut, toutefois, autoriser des exceptions à cette règle, et certains hospices, notamment, ont pu établir des cimetières spéciaux. » (Léon Morgand). Voir, pour les conditions auxquelles sont subordonnées ces créations : *Revue générale d'administration*, 1882, tome II, page 461).

5° Fidélité du débit des denrées qui se vendent au poids ou à la mesure. — Salubrité des comestibles exposés en vente.

Fidélité du débit. — « L'inspection du débit des marchandises qui se vendent au poids ou à la mesure est confiée spécialement à la vigilance et à l'autorité des préfets, sous-préfets maires, adjoints et commissaires de police. » (Ordonnance du 17 avril 1839, art. 28). — « Les maires, adjoints, commissaires et inspecteurs de police feront, dans leurs arrondissements respectifs, et plusieurs fois dans l'année, des visites dans les boutiques et magasins, dans les places publiques, foires et marchés, à l'effet de s'assurer de l'exactitude et du fidèle usage des poids et mesures. — Ils surveilleront les bureaux publics de pesage et de mesurage dépendant de l'administration municipale. — Ils s'assureront que les poids et mesures portent les marques et poinçons de vérification, et que, depuis la vérification constatée par ces marques, ces instruments n'ont point souffert de variations, soit accidentelles, soit frauduleuses. » (Même ordonnance, art. 29). — « Ils visiteront fréquemment les romaines, les balances et tous les autres instruments de pesage; ils s'assureront de leur justesse et de la liberté de leurs mouvements, et constateront les infractions. » (Même ordonnance, art. 30). — « Les maires et officiers de police veilleront à la fidélité dans le débit des marchandises qui, étant fabriquées au moule ou à la forme, se vendent à la pièce ou au paquet comme correspondant à un poids déterminé.... » (Même ordonnance, art. 31). — » Les contraventions aux arrêtés des préfets, à ceux des maires et à la présente ordonnance, sont poursuivies conformément aux lois. » (Même ordonnance, art. 55).

La surveillance des maires s'exerce sur le débit de toute espèce de marchandises; c'est dans ce sens que doit être entendu le mot *denrées*. Ainsi, la Cour de cassation (10 janvier 1823) a reconnu qu'il comprend le charbon de terre.

Salubrité des comestibles. — « Seront punis des peines portées par l'article 423 du Code pénal : 1º ceux qui falsifieront des substances ou denrées alimentaires ou médicamenteuses destinées à être vendues ; 2º ceux qui vendront ou mettront en vente des substances ou denrées alimentaires ou médicamenteuses qu'ils sauront être falsifiées ou corrompues.... » (Loi du 27 mars 1851, art. 1er). — Les peines édictées par l'article 423 du Code pénal sont un emprisonnement de trois mois à un an et une amende de cinquante francs au moins.

Boulangerie. — Depuis le décret du 22 juin 1863, le commerce de la boulangerie a été dégagé de toutes les entraves qui l'entouraient et a été rendu libre. Mais l'autorité municipale a conservé le droit d'ordonner le pesage du pain et de publier une taxe pour la vente, et les boulangers qui ne se conformeraient pas à ces prescriptions seraient en contravention à l'article 479, nº 6, lorsqu'ils vendent le pain au delà du prix fixé par la taxe légalement faite et publiée, et à l'article 471, nᵒ 15, du Code pénal, s'ils contreviennent à un règlement légalement fait par l'autorité administrative, en vue d'ordonner le pesage du pain. — Il convient de faire disparaître des règlements municipaux toute prescription qui aurait pour résultat d'entraver directement ou indirectement la liberté des vendeurs ou celle des acheteurs ; et la seule disposition qu'il serait possible d'admettre, en ce qui concerne le pesage du pain, devrait se borner à établir que toutes les fois que le pain sera vendu au poids, il sera procédé à un pesage effectif si l'acheteur le demande. (Circulaire ministérielle du 10 nov. 1863).

Boucherie. — La liberté de la boucherie existe depuis le 24 février 1858 ; mais lorsque l'autorité municipale a pris un arrêté fixant une taxe pour le prix de la viande, le boucher qui vend sa viande au-dessus est puni conformément aux prescriptions de l'article 479, nᵒ 6 du Code pénal. — Les bouchers qui auront mis en vente de la viande qu'ils sauront être falsifiée ou corrompue encourront les peines portées en l'article 423 du Code pénal.

6° Accidents et fléaux calamiteux (incendies, inondations, maladies épidémiques ou contagieuses, épizooties.

Incendies. — Défense peut être faite par les officiers municipaux aux particuliers de couvrir leurs maisons ou bâtiments en chaume, roseau, carton bitumé ou autres matériaux inflammables, ou même de réparer avec ces matériaux les anciennes couvertures (Cassation, 23 avril 1819, 12 décembre 1855, 12 mars 1858); — de construire des fours à moins de 16 centimètres de tout mur ou cloison ; — d'entrer avec de la lumière, non placée dans une lanterne bien close, dans les écuries, les greniers, dépôts et magasins de fourrage ou de paille, et d'y fumer ; — de brûler quoi que ce soit sur la voie publique et même chez soi, dans les cours des maisons ou les jardins, de la paille, de la litière, des feuilles et autres objets pouvant projeter au loin des débris enflammés ; — de transporter du feu dans les rues dans des récipients non clos (Cassation, 6 juin 1807, 28 mars 1844); — de tirer aucune pièce d'artifices sur la voie publique ou dans l'intérieur des agglomérations (Cassation, 12 déc. 1846); — d'allumer du feu dans les champs à moins d'une distance de 100 mètres des maisons; des meules de grain, de paille ou de foin, et de 200 mètres des forêts ; — de placer des meules de paille, foin, etc., à moins d'une distance dé- terminée des habitations et de la voie pu- blique (Cassation, 18 avril 1828, 12 juillet 1866).

Les maires peuvent réglementer la cons- truction des cheminées, la hauteur des tuyaux (Cassation, 13 avril 1849, 17 janvier 1845).

» Les officiers municipaux... seront te- nus particulièrement de faire, au moins une fois par an, la visite des fours et cheminées de toutes maisons et de tous bâtiments éloignés de moins de 100 toises d'autres habitations ; ces visites seront préaiable- ment annoncées huit jours d'avance. — Après la visite, ils ordonneront la répara- tion ou la démolition des fours et chemi- nées qui se trouveront dans un état de dé- labrement qui pourrait occasionner un in- cendie ou d'autres accidents. » (Loi des 28 septembre-6 octobre 1791, titre II, art. 9).

Ils peuvent et doivent prendre les mesu- res nécessaires pour assurer, en cas d'incendie, un approvisionnement d'eau (Cassation, 5 novembre 1825, 4 août 1857).

« Seront punis d'amende , depuis six francs jusqu'à dix francs, ceux qui, le pouvant, auront refusé de prêter le secours dont ils auront été requis, dans les ciconstances d'accidents, tumultes, naufrage, inondation, incendie ou autres calamités... » (Code pénal, art. 475, n° 12).

En cas d'incendie déclaré, le maire prend toutes les mesures nécessaires pour combattre le fléau. — « Le service est réglé, dans chaque commune (où il existe un corps de sapeurs-pompiers), par un arrêté municipal pris sur la proposition du chef de corps et soumis à l'approbation du préfet. » (Décret du 29 décembre 1875, titre III, art. 16). — « En cas d'incendie, la direction et l'organisation des secours appartiennent exclusivement à l'officier commandant ou au sapeur-pompier le plus élevé en grade, qui donne seul des ordres aux travailleurs. — L'autorité locale conserve ses droits pour le maintien de l'ordre pendant le sinistre. » (Même décret, art. 20).

Le maire ou le commissaire de police signalera au préfet, par un rapport spécial, les personnes qui se seront fait remarquer

par leur belle conduite pendant l'incendie.
— Quelle que soit l'importance de l'incendie, il dressera un procès-verbal de recher-
ches des causes du sinistre, dans lequel il
fera connaître le montant approximatif des
pertes occasionnées et mentionnera si l'in-
cendié était assuré, à quelle Compagnie, depuis combien de temps et pour quelle
somme.

Voir : pour les peines à appliquer aux in-
cendiaires : Code pénal, art. 434 et 451 ;
pour les menaces d'incendie : Code pénal,
art. 436.

Inondations. — Lorsque la crue des rivières ou des cours d'eau torrentueux com-
mence, ou que des fontes de neige ou autres signes précurseurs des inondations se
manifestent, les maires doivent visiter les
rivières et faire enlever tout ce qui pourrait
gêner l'écoulement des eaux ; ils s'assurent
par eux-mêmes si les bateaux sont garés
ou suffisamment amarrés ; ils font retirer
des ports, quais, grèves, abords des rivières et torrents, les objets que les eaux
pourraient entraîner ; ils font lever les van-
nes des moulins, et, au besoin, détruire les
obstacles que les eaux pourraient rencon-

trer ; ils font casser les glaces qui sont attachées aux arches des ponts et aux usines.

S'il y a danger imminent, ils doivent réunir autour d'eux le plus possible de moyens
de secours, et, à cet effet, ils font un appel
à l'activité des habitants, et les dirigent. Ils
indiquent les lieux de dépôt pour les objets
à recueillir pendant l'inondation. Ils doivent
faire évacuer les maisons avant que le dé-
bordement les ait atteintes ; faire recueillir
tous les objets entraînés ou qui pourraient
être entrainés par les eaux ; faire déposer
avec fidélité les objets recueillis dans les
lieux qu'ils ont indiqués à l'avance ; exiger
que les déclarations soient faites de tout ce
qui a pu être ainsi sauvé, afin que rien de
ce qui appartient aux victimes de l'inondation ne puisse être détourné. Enfin, lorsque
les eaux se sont retirées, les maires ne doivent laisser entrer personne, dans les maisons qui ont été inondées, qu'après que les
hommes de l'art ont reconnu que les fonda-
tions et les murs ne sont pas dégradés de
manière à présenter des dangers.

Comme en cas d'incendie, les maires peuvent réquérir la force publique et le con-
cours de tous les habitants dont ils peuvent
avoir besoin, et les obliger à fournir les

ustensiles, instruments, machines ou bestiaux nécessaires. — Voir Code pénal, art.
475, n° 12.

Maladies épidémiques ou contagieuses.— Le
maire, pour prévenir les épidémies, peut
interdire la vente sur le marché des fruits
verts (Cassation, 17 nov. 1866) et le transport des cuirs verts à travers la ville (Cass.
5 juillet 1873). Il peut défendre aux particuliers de conserver dans les maisons des dépôts de suifs ou de graisses fraîches (Cass.
18 mai 1850); aux marchands dont l'industrie n'est pas classée de garder dans l'intérieur de la ville des dépôts de matières répandant une odeur nuisible (Cass., 21 déc.
1848). — Il peut interdire le dépôt sur la
voie publique d'immondices autres que celles provenant du balayage; — prescrire,
même dans les communes rurales, l'enlèvement des fumiers, pailles et fougères (Cass.,
15 mai 1866, 18 févr. 1858); — interdire le
déversement sur la voie publique des eaux
sales ou fétides de toute nature (Cass., 7
déc. 1855, 2 mars 1867, 16 juin 1832. Cons.
d'Et., 5 juin 1848); — interdire le jet d'immondices dans les fontaines ou cours d'eau
traversant la ville, et notamment le déver-

sement des latrines (Cass. 28 févr. 1861); — prescrire le balayage des cours communes des maisons (Cass. 21 juill. 1883) et l'enlèvement, même dans les maisons particulières, des dépôts de fumiers, immondices ou autres matières répandant des exhalaisons infectes (Cass. 2 mars 1867); — enjoindre au propriétaire, en lui laissant le choix des moyens, même sous peine de voir exécuter les travaux à ses frais, d'assainir un fossé existant dans l'intérieur de sa propriété (Cons. d'Et. 5 mai 1865), ou d'assurer l'écoulement des eaux existant dans une carrière (Cass. 25 juin 1869); — interdire de conserver dans l'intérieur des maisons d'une ville des chiens et des chats en nombre excessif (Cass. 7 janv. 1882); — défendre à toute personne, même aux charcutiers, de conserver dans l'enceinte de la ville des porcs au delà du temps nécessaire pour les faire reposer (Cass. 22 mars 1851); — interdire l'usage des latrines communiquant avec les cours d'eau (Cass. 28 fév. 1861, Cons. d'Et. 5 déc. 1873); — ordonner que, dans un délai déterminé, toutes les maisons neuves ou anciennes soient pourvues de fosses fixes ou mobiles (Cass. 13 fév. 1857, 15 juill. 1864); — déterminer les conditions

dans lesquelles les fosses seront établies
(Cons. d'Et. 24 janvier 1867) ; déterminer
les conditions dans lesquelles la vidange
s'effectuera ; imposer certains appareils
(Cassation 30 avril 1852) ; — régler les
heures, fixer l'itinéraire des voitures, les
lieux de dépôt des matières (Cass. 31 déc.
1846, 13 avril 1849); — interdire les déver-
sements sur la voie publique des liquides
provenant des vidanges (Cass. 7 déc. 1872);
prendre, pour les établissements insalubres
non encore autorisés toutes les mesures
que l'intérêt de la salubrité publique lui pa-
raît exiger, et même faire fermer ces établissements (Cass. 14 fév. 1833, 13 nov. 1835,
16 août 1884). — Pour les établissements
insalubres autorisés, le maire ne peut apporter des modifications aux conditions nécessaires d'action des industries qui s'y
exercent, ni leur assigner un emplacement
déterminé (Cass. 25 nov, 1853), ni aggraver
les conditions imposées par l'administration supérieure (Cass. 1er juin 1853).

Voir, pour les établissements insalubres :
décret du 15 octobre 1810, ordonnance du
14 janvier 1815, décret du 25 mars 1852, du
31 décembre 1866, du 31 janvier 1872, du

26 février 1881, du 20 juin 1883, du 3 mai 1886, du 5 mai 1888, du 15 mars 1890.

Une fois l'épidémie déclarée, l'autorité locale a le devoir de veiller à ce que tous les habitants, et surtout les indigents, reçoivent à domicile, dans les hôpitaux ou dans les ambulances, les soins de médecins, qu'elle requerra si besoin est.

Voir : loi du 13 avril 1850 sur l'assainissement des logements insalubres et instruction ministérielle du 30 juillet 1884.

Epizooties. — Loi sur la police sanitaire des animaux, 21 juillet 1881 : Tout propriétaire, toute personne ayant, à quelque titre que ce soit, la charge des soins ou la garde d'un animal atteint ou soupçonné d'être atteint d'une maladie contagieuse, est tenu d'en faire sur-le-champ la déclaration au maire de la commune où se trouve cet animal. — L'enfouissement de l'animal peut être autorisé d'urgence par le maire (art. 3). — L'animal atteint ou soupçonné d'être atteint d'une maladie contagieuse devra être immédiatement séquestré, séparé et maintenu isolé des autres animaux par les soins du maire (art. 3 et 4). — Lorsqu'un arrêté du préfet a constaté l'existence de la peste bovine dans une commune, les animaux qui en sont atteints et ceux de l'espèce bovine qui auraient été contaminés, alors même qu'ils ne présenteraient aucun signe apparent de maladie, sont abattus par ordre du maire, conformément à la proposition du vétérinaire délégué et après évaluation (art. 6). — Le transport des animaux malades en vue de l'abattage peut être autorisé par le maire, conformément à l'avis du vétérinaire délégué (art. 7). — Dans le cas de morve constatée, et dans le cas de farcin, de charbon, si la maladie est reconnue incurable par le vétérinaire délégué, les animaux doivent être abattus sur ordre du maire (art. 8). — Avant l'exécution de l'ordre d'abatage, il est dressé un procès-verbal d'expertise (par le vétérinaire délégué et un expert de la partie); le maire et le juge de paix le contresignent et donnent leur avis (art. 20). — Les mesures sanitaires à la frontière pour l'importation sont ordonnées par les maires dans les communes rurales (art. 27). — Les municipalités des ports de mer, ouverts à l'importation du bétail, devront fournir des quais spéciaux de débarquement, munis des agrès nécessaires, ainsi qu'un bâtiment destiné à recevoir, à mesure du débarquemeut, les animaux mis en quarantaine par mesure sanitaire. Les locaux devront être préalablement agréés par le ministre de l'agriculture et du commerce (art. 28). — Les frais d'abatage, d'enfouissement, de transport, de quarantaine, de désinfection, etc., seront recouvrés sur un état dressé par le maire et rendu exécutoire par le sous-préfet (art. 37). — Les communes où il existe des foires et marchés aux chevaux ou aux bestiaux seront tenues de préposer, à leurs frais et sauf à se rembourser par l'établissement d'une taxe sur les animaux amenés, un vétérinaire pour l'inspection sanitaire des animaux conduits à ces foires et marchés (art. 39).

Voir : Décret du 22 juin 1882, portant règlement d'administration publique sur la police sanitaire des animaux et circulaire du ministre de l'agriculture du 20 août 1882.

En temps d'épizootie, le maire peut interdire temporairement aux bouchers forains de venir débiter des viandes dans la commune (Cass. 20 janv. 1872).

7° Mesures à prendre à l'égard des aliénés dangereux

En cas de danger imminent, attesté par le certificat d'un médecin ou par la notoriété publique, les commissaires de police à Paris, et les maires, dans les autres communes, ordonneront à l'égard des personnes atteintes d'aliénation mentale, toutes les mesures provisoires nécessaires, à la charge d'en référer dans les vingt-quatre heures au préfet, qui statuera sans délai (Loi du 30 juin 1838, art. 19). — Dans les communes où il y a des hospices et hôpitaux civils, ces établissements seront tenus de recevoir provisoirement les personnes qui leur seront adressées en vertu des articles 18 et 19, jusqu'à ce qu'elles soient dirigées sur l'établissement spécial destiné à les recevoir, ou pendant le trajet qu'elles feront pour s'y rendre. Les aliénés ne peuvent être placés ailleurs que dans ces hospices ou hôpitaux. Dans les lieux où il n'en existe pas, les maires devront pourvoir à leur logement, soit dans une hôtellerie, soit dans un local loué à cet effet. Dans aucun cas, les aliénés ne pourront être ni conduits avec les condamnés ou les prévenus, ni déposés dans une prison (même loi, art. 24).

Ceux qui auront laissé divaguer des fous ou des furieux étant sous leur garde, seront punis d'amende depuis six francs jusqu'à dix francs inclusivement (Code pénal, art. 475, n° 7).

8° Divagation des animaux malfaisants ou féroces

Le maire peut prescrire que les chiens, sur la voie publique, soient munis d'un collier portant le nom de leur maître (Cass. 5 août 1841 ; 3 janv. 1885) ; — qu'ils soient tenus en laisse (Cass. 4 août 1845) ou muselés, ou porteurs d'un bâton attaché au cou (Cass. janv. 1834); qu'ils soient, en cas de danger causé par un chien enragé, tenus enfermés et à l'attache (Cass. 19 août 1819) ; — que tous les animaux mordus soient abattus, qu'il y ait ou non divagation (Cass. 20 août 1874 ; Cons. d'Et. 3 août 1877) et qu'il en soit ainsi même pour ceux qui sont seulement soupçonnés d'avoir été mordus (Cass. 17 août 1883). — Il peut interdire de laisser circuler sans attache, surtout dans l'agglomération, les chevaux, bœufs, taureaux, etc. (Cass. 18 mai 1844) ; — interdire la divagation des cochons, oies, canards et autres volailles dans les rues ou promenades publiques (Cass. 18 févr. 1858) ; — interdire de garder en ville certains animaux, tels que porcs, bœufs, vaches, moutons, volailles (Cass. 13 juin 1856).

Seront punis d'amende, depuis six francs jusqu'à dix francs inclusivement, ceux qui auraient laissé divaguer des animaux malfaisants ou féroces (Code pénal, art. 475, nº 7).

Le chien qui, sans provocation, fait des morsures, doit nécessairement être classé dans la catégorie des animaux malfaisants, et il est réputé en divagation, dans la cour d'un cabaret ouvert aux consommateurs et dépendante de ce lieu public (Cass. 8 nov. 1867).

Le chien qui se jette sur les passants, étant un animal malfaisant et féroce, le nº 7 du Code pénal est applicable au maître, même absent, qui l'a laissé divaguer (Cass. 5 août 1867).

Lorsqu'un chien, laissé sur un marché par son maître, entré dans une auberge, a pénétré dans une maison et y a étranglé un lapin domestique, ces faits suffisent pour établir légalement l'état de divagation d'un animal malfaisant, sans excuse de force majeure (Cass. 20 nov. 1868).

Une chienne ne pouvant être classée parmi les animaux malfaisants et féroces, de plein droit et sans constatation formelle d'un vice de son naturel particulier, celui qui l'a laissée divaguer, en contravention à un arrêté préfectoral, ne peut encourir que la peine édictée par l'article 471, n° 15, et non celle édictée par l'article 475, n° 7 (Cass. 18 juill. 1867).

Droit de police du maire dans l'intérieur des agglomérations sur les routes nationales, départementales ou autres voies de communication. — Le maire a la police des routes nationales et départementales et des voies de communication, dans l'intérieur des agglomérations, mais seulement en ce qui touche à la circulation sur lesdites voies.

Il peut, moyennant le paiement des droits fixés par un tarif dûment établi, sous les réserves imposées par l'article 7 de la loi du 11 frimaire an VII, donner des permis de stationnement ou de dépôt temporaire sur la voie publique, sur les rivières, ports et quais fluviaux et autres lieux publics.

Les alignements individuels, les autorisations de bâtir, les autres permissions de voirie sont délivrées par l'autorité compétente, après que le maire aura donné son avis dans le cas où il ne lui appartient pas de les délivrer lui-même.

Les permissions de voirie à titre précaire ou essentiellement révocables sur les voies publiques qui sont placées dans les attributions du maire et ayant pour objet, notamment, l'établissement dans le sol de la voie publique des canalisations destinées au passage ou à la conduite, soit de l'eau, soit du gaz, peuvent, en cas de refus du maire non justifié par l'intérêt général, être accordées par le préfet. (art. 98).

Ainsi, pour les voies de grande et moyenne communication, les droits de police du maire sont limités à ce qui touche la circulation. La construction, l'entretien et la conservation de ces voies sont dans les attributions du préfet. (Voir : L. 29 floréal, an X ; Décr. 18 août 1810 ; Décr. 16 décembre 1811).

L'autorité municipale ne pourrait pas accorder de permis de stationnement ou de dépôt à titre purement gratuit; la loi ne prévoit, en effet, la délivrance de pareilles autorisations que moyennant redevance (décis. min. int. 1884). — Voir ci-après, article 133, 7° et art. 105.

Les alignements individuels, les autorisations de bâtir, les autres permissions de voirie sont délivrées par le préfet ou le sous-préfet (Loi des 7-14 octobre 1790, art. 1er; Loi du 4 mai 1864, art. 1er et 2 ; instruction ministérielle du 6 décembre 1870, art. 276; Règlement général des chemins vicinaux, art. 175); mais le maire doit obligatoirement donner son avis, ce qui lui permet « de revendiquer, en temps opportun, le droit de statuer lui-même sur les demandes de sa compétence lorsque les pétition-naires considéreront comme appartenant à la grande voirie, à la grande ou à la moyenne vicinalité, des voies publiques ou sections de voies publiques appartenant exclusive-ment à la voirie urbaine ou à la petite vici-nalité. Elle donnera en outre au maire le moyen de fournir, au moment utile, des renseignements qui éclaireront l'administra-tion supérieure sur les inconvénients que pourraient entraîner certaines permissions au point de vue soit des services munici-paux (éclairage, distribution d'eau, etc.), soit de la commodité, de la liberté ou de la sécurité de la circulation. » (Circ. min. 15

mai 1884). — « L'avis défavorable du maire ne sera pas un obstacle légal à ce qu'une décision contraire intervienne immédiatement. Toutefois, dans les cas où il n'y aura pas urgence et où la difficulté soulevée par le maire présentera de la gravité », il conviendra, dit la même circulaire aux préfets, de la soumettre avant la décision à l'administration centrale, qui fera connaître le plus tôt possible son appréciation, après avoir provoqué les observations de M. le ministre des travaux publics, quand la question intéressera la grande voirie.

Le maire délivre les autorisations de voirie (alignements, autorisations de bâtir, de réparer, saillies, pose de canalisations pour le passage ou la conduite des eaux, du gaz, etc.), en ce qui concerne la voirie urbaine et les chemins vicinaux ordinaires ou ruraux. — Voir ci-avant : art. 90, paragraphe 5. — Il ne peut motiver son refus que par l'intérêt général. — En cas de refus non justifié par l'intérêt général, le préfet peut autoriser d'office.

Usages des cloches des églises

« Les cloches des églises sont spécialement affectées aux cérémonies du culte. — Néanmoins, elles peuvent être employées dans les cas de péril commun qui exigent un prompt secours et dans les circonstances où cet emploi est prescrit par des dispositions de lois ou règlements, ou autorisé par les usages locaux... » (Art. 100).

Les *sonneries civiles* ont lieu :

1° En cas de péril commun (incendies, inondations, invasion, etc.).

2° Dans les circonstances où l'emploi des cloches est prescrit par des dispositions de lois ou règlements : » A l'entrée de l'empereur dans chaque commune, toutes les cloches tinteront » (Décret relatif aux cérémonies publiques, 24 messidor an XII, titre 3, section 2, art. 23). — Ce texte est aujourd'hui applicable au Président de la République voyageant officiellement.

3° En raison d'usages locaux : appel des enfants à l'école, annonce de l'heure normale de la clôture des cabarets, annonce des heures de repas et de celles de la reprise des travaux aux ouvriers des champs, annonce de l'ouverture des séances du Conseil municipal, annonce du ban de vendanges, etc., etc.

Clef du clocher

« Une clef du clocher sera déposée entre les mains des titulaires ecclésiastiques, une autre entre les mains du maire, qui ne pourra en faire usage que dans les circonstances prévues par les lois et règlements. — Si l'entrée du clocher n'est pas indépendante de celle de l'église, une clef de la porte de l'église sera déposée entre les mains du maire. » (Art. 101).

« Cet article n'est que la conséquence de l'article 100 ; il a pour but de permettre aux maires d'user, conformément aux lois et règlements, du droit qui leur est attribué d'employer les cloches aux sonneries civiles. « (Circulaire du ministre de l'intérieur, 15 mai 1884).

Gardes champêtres

D'après l'article 102, le maire nomme les gardes champêtres. — Il peut les suspendre pour un mois au plus.

Dons et Legs

» Le maire peut toujours, à titre conservatoire, accepter les dons ou legs et former avant l'autorisation toute demande en délivrance... » (Art. 113).

Actions judiciaires

« Le maire peut toujours, sans autorisation préalable, intenter toute action possessoire ou y défendre et faire tous actes conservatoires ou interruptifs des déchéances. — Il peut, sans autre autorisation, interjeter appel de tout jugement et se pourvoir en cassation, mais il ne peut ni suivre sur son appel, ni suivre sur le pourvoi qu'en vertu d'une nouvelle autorisation. » (Art. 122).

Budget communal

« Le budget de chaque commune est proposé par le maire... » (Art. 145).

Voir pour le budget communal :

Art. 133. — Recettes du budget ordinaire ;

Art. 134. — Recettes du budget extraordinaire ;

Art. 136. — Dépenses obligatoires ;

Art. 137, 138, 139. — Taxes d'octroi ;

Art. 140. — Taxes particulières ;

Art. 141, 142, 143.—Contributions extraordinaires ;

Art. 145 à 150. — Vote et règlement du budget.

Comptabilité des communes

« Les comptes du maire, pour l'exercice

clos, sont présentés au Conseil municipal avant la délibération du budget...» (Art.151).

« Le maire peut seul délivrer des mandats... « Art. 152).

CONCLUSION

On voit par ce qui précède combien sont nombreuses et variées les attributions des maires qui relèvent : dans l'ordre *civil* (officiers de l'état-civil) et dans l'ordre *judiciaire* (officiers de police judiciaire, officiers du ministère public près les tribunaux de simple police) des procureurs de la République et des procureurs généraux ; dans l'ordre *administratif*, des préfets et des sous-préfets.

De telles fonctions supposent de l'intelligence, un jugement sain et des connaissances étendues. Que celui-là seul les brigue qui est apte à les remplir utilement !

EN PRÉPARATION

DU MÊME AUTEUR

L'Electeur ;
Le Conseiller municipal ;
Le Conseiller d'arrondissement ;
Le Conseiller général ;
Le Sous-Préfet ;
Le Préfet ;
Le Député ;
Le Sénateur ;
Les Ministres ;
Le Président de la République.